Orlando
lieben lernen

Der perfekte Reiseführer für einen unvergessli-
chen Aufenthalt in Orlando inkl. Insider-Tipps,
Tipps zum Geldsparen und Packliste

Mira Schmehl

✈ INHALT

Das erwartet Sie in diesem Buch

Um was geht es in diesem Reiseführer und was erwartet Sie? Ich möchte Sie in einen unvergesslichen Aufenthalt in Orlando entführen. Eine der schönsten Städte Amerikas werden Sie aus einem Blickwinkel sehen, der Ihnen in keinem mir bekannten Reiseführer geboten wird.

Denn welcher Reiseführer spricht schon aus

eigenen Erfahrungen?

Ich werde Sie ein wenig über die Geschichte Orlandos informieren, damit Sie jederzeit mitreden können. Das Grundwissen über diese Stadt ist sehr interessant und sollte für Sie oberste Priorität haben.

Die schönsten Freizeitparks, Stadtparks, Unterkünfte und Küchen sind der wichtigste Bestandteil, ebenso wichtige Tipps und Tricks zum Genießen, zum Sparen und zum Erleben.

Vieles, was ich Ihnen hier mitteile, wird Sie faszinieren und neugierig auf mehr machen, aus diesem Grund sollten Sie unbedingt und möglichst bald nach Orlando reisen.

Sie erfahren von mir, welche Hotels Sie nutzen beziehungsweise welche Sie als Unterkunft besuchen sollten, wo Sie diese finden können und was Sie unbedingt beachten sollten.

Im Fazit fasse ich Ihnen noch einmal die wichtigsten und nützlichsten Tipps für Ihre Reise nach Orlando zusammen.

Kennen Sie schon die schönen

Shoppingmeilen Orlandos? – Nein? Dann sollten Sie dort während Ihrer Reise einmal vorbeischauen. Wie auch überall im Land werden Sie staunen, was die amerikanische Bevölkerung so alles zu bieten hat.

Sollten Sie die edle „Mall at Millenia" besuchen mit Ihren Luxusmarken wie Prada, Tiffany und Cartier, werden Sie sich wünschen, niemals gehen zu müssen. Ebenso beeindruckend ist die riesige „Florida Mall". Diese ist nur wenige Minuten zu Fuß vom Airport entfernt. In dieser finden Sie unter anderem über 250 Geschäfte, die auf 170.000 Quadratmeter verteilt sind.

Wenn Sie mehr erfahren möchten, sollten Sie unbedingt weiter lesen.

Ich habe versucht, für Sie persönliche Eindrücke und Tipps einzubinden. Durch diese werden Sie den Eindruck bekommen, als wären Sie in Orlando schon fast Zuhause. Zudem vermitteln Ihnen diese die Gastfreundlichkeit der Einheimischen.

Orlando – kurz und kompakt

GESCHICHTE

Orlando ist eine sehr alte Stadt, jedoch hieß sie 1843 noch etwas anders: Jernigan wurde Orlando ursprünglich genannt. Der Name wurde nach Aaron Jernigan, der sich dort niederließ, gewählt. Die Stadt wuchs langsam um einen alten Armeeposten – Fort Gatlin, welcher 1849 verlassen wurde.

Im Jahr 1857 wurde Jernigan umbenannt und trägt nun den heutigen Namen Orlando. Für den Ursprung des Namens gibt es sehr viele

Geschichten. Wie man zu diesem Namen, kam ist nicht ganz eindeutig überliefert. Die offizielle Version besagt, dass der Name in Gedenken an einen im Jahr 1835 gefallenen Soldaten namens Orlando Reeves, der auf dem Wachposten durch einen Indianerpfeil getötet wurde, zurückzuführen ist. Diese Stelle, in der Innenstadt wird heute als der „Lake Eola" Park gekennzeichnet.

Riesige Nachfragen nach Rindfleisch in Kuba verhalfen Orlando zu einem schnellen Wachstum. Der schnelle Wachstum brachte jedoch auch negative Seiten mit sich. So kam es vermehrt zu Viehdiebstählen, welche immer wieder zu Schießereien in der Innenstadt führten.

Können Sie sich den gesetzlosen Wilden Westen in Orlando vorstellen? Dies war dort zu dieser Zeit Alltag. Die Menschen führten eine Veränderung herbei, um sicher leben zu können. So stellten sie auf Baumwollindustrie um, damit sie ihren Lebensunterhalt finanzieren konnten.

1870 erfasste das Orangenfieber die Bewohner von Orlando. Die Bewohner pflanzten Zitrus-Samen an, in den Feldern, wo vorher Baumwolle blühte. Die steigende Nachfrage nach Mandarinen und Orangen verhalf Orlando zur Stadtgemeinde, was einher ging mit dem Ausbau der Südflorida-Eisenbahn.

1900 war die Elektrizität nach Orlando gekommen und bereits ein Jahr später das erste Kraftwerk. Als 1903 die ersten Telefone und Automobile mit Geschwindigkeiten von 8 km/h durch die Stadt rollten, hielt auch dort das 20. Jahrhundert Einzug.

1922 wurde der erste Flugplatz fertig gestellt, aber dort konnten lediglich Frachtflugzeuge landen. Bereits 6 Jahre nach der Eröffnung eröffnete auch der Orlando Municipal Airport.

Im Zweiten Weltkrieg beteiligte sich Orlando an der Ausbildung der Bomberpiloten. Nach Ende des Zweiten Weltkrieges wurde der Luftwaffenstützpunkt „Pine Castle" für streng geheime Tests der X-1 genutzt und 1950 Einheiten des strategischen Luftkommandos (SAC) stationiert.

1956 ist ein weiteres Jahr, welches die abwechslungsreiche Geschichte Orlandos prägt. Die Glenn L. Martin Company aus Baltimore (Maryland) erwarb von Orange County 27 km² Weideland und Haine im Süden zum Bau einer Raketenfabrik. Martin Mariette war der größte Arbeitgeber Orlandos. Noch bis heute ist es eine der wichtigsten Firmen in der Technologiebranche in der Region.

1971 eröffnet der Walt Disney Magic Kingdom und 1973 folgte die SeaWorld Orlando. Walt Disney World wuchs sehr schnell mit den Themenparks wie unter anderem Epcot, Disney-MGM Studios und dem Animal Kingdom.

1990 gesellten sich die Universal Studios dazu und eröffneten 1999 Universal Orlando Resort und einen Zweiten Themenpark Islands of Adventure, gefolgt vom Unterhaltungskomplex Universal City Walk und 3 Hotels. Seit seiner Eröffnung schlägt, im Jahr 2000 ein weiterer Themenpark Wellen: Discovery Cove, wo man mit Tümmlern und Delfinen schwimmen kann.

Orlando ist neben der Fremdenverkehrswirtschaft aber auch eine der führenden Tagungs- und Kongressstädte der Vereinigten Staaten. Das 1983 eröffnete Orange County Convention Centers hat heute eine Ausstellungsgröße von 195.000 m² erreicht, angefangen hat diese mit 13.700 m². Daneben befinden sich Orlandos Hotels und Kulturzentren mit weiteren 269.400 m² Ausstellungsfläche. Allein 2003 verzeichnete Orlando mehr als 5,1 Millionen Tagungsbesucher.

Stellen Sie sich vor, Orlando hat heute mehr als 95 Attraktionen, 113.000 Hotelzimmer, 5.100 Restaurants und ist das zeitgrößte Kongresszentrum der Nation. Der Fremdenverkehr hat Orlando in einem Jahr mit 44 Millionen Besucher und Einnahmen in Höhe von $ 24,9 Milliarden (etwa 18,6 Milliarden €) zum führenden

Wirtschaftszweig Zentralfloridas verholfen. Die High-Tech-Industrie hat auch in Orlando an Bedeutung gewonnen. Die Zitrusfrucht-Industrie spielt aber auch heute noch eine der größten Rollen in Orlando in Hinsicht auf die Wirtschaft.

Haben Sie einen kleinen geschichtlichen Einblick bekommen?

Es gibt natürlich noch viel mehr zu entdecken und zu erkunden. Aber wenn ich Ihnen alles verrate, ist der Entdecker in Ihnen arbeitslos, denn Sie möchten sicherlich vor Ort noch ein paar wenige Informationen sammeln und herausfinden können.

DIE STADT ORLANDO

Orlando ist in vier Stadtbezirke Northwest, Northeast, Southwest und Southeast aufgeteilt, deren Grenzen sich an den zwei größten Schnellstraßen durch die Stadt (I–4 und SR 408) orientieren. Die Innenstadt (Downtown) selbst befindet sich im Südwesten von Northeast Orlando.

In Downtown haben Sie die Möglichkeit, zahlreiche Sehenswürdigkeiten und Attraktionen zu bewundern, welche Sie unbedingt sehen sollten.

Durch das Stadtgebiet führt als einzige Interstate die Interstate 4 von Tampa nach Daytona Beach. Somit ist Orlando nach Austin in Texas die zweitgrößte Stadt der Vereinigten Staaten, welche von nur einem Interstate Highway durchquert wird. Das Stadtgebiet wird von mehreren Expressways bedient, welche autobahnähnlich ausgebaut und mautpflichtig sind. Diese sind Florida's Turnpike (SR 91), der East-West Expressway (SR 408), der Central Florida GreeneWay (SR 417) und der Martin Andersen Beachline Expressway (SR 528).

Schließlich führen noch einige U.S.-Highways und Florida State Roads durch Orlando. Ich erspare Ihnen weitere Auflistungen, denn Sie werden bestimmt mit Navigationsgerät oder Karte die Stadt erkunden, was durchaus auch ratsam ist.

Durch Orlando verläuft der sogenannte Central Florida Corridor (CFRC). Dieser war bis 2013 im Besitz von CSX Transportation und wurde danach vom Staat Florida aufgekauft. 2014 wurde der Betrieb der SunRail aufgenommen, deren Linien von Poinciana im Osceola County über Downtown bis DeBary im Volusia County verlaufen. In Orlando gibt es im Stadtgebiet die Stationen Church Street, LYNX Central und Florida Hospital Health Village SunRail.

Der Bahnhof Orlando liegt im südlichen Teil der Innenstadt Orlandos. Der Bahnhof wurde 1927 von Antlantic Coast Line Railroad erbaut und später von der Bahngesellschaft Amtrak übernommen. Täglich fahren in Richtung Miami und New York Zugpaare wie der Silver Star und der Silver Meteor.

Im Bahnhof ist auch das Fernbusnetz von Amtrak Thruway Motorcoach eingebunden. Haltestellen der Greyhound Lines findet man im westlichen Teil der Innenstadt. Der Busnahverkehr wird von der Busgesellschaft LYNX an das

Umland angebunden.

Orlando hat 9 Stadtpartnerschaften, welche unter anderem seit 1982 mit Tainan (Taiwan) bestehen. Auch gehören Curitiba (Brasilien), Guilin (Volksrepublik China), Monterrey (Mexiko), Reykjanesbaer (Island), Departement Seine-et-Marne (Frankreich), Urayasu (Japan) und Valladolid (Spanien) dazu.

Sie sollten auch wissen, dass die Muttersprache English mit 75,43 % der Bevölkerung vorn liegt. Natürlich werden wie in fast allen großen Städten in Amerika auch weitere Sprachen gesprochen, wie unter anderem spanisch mit 16,60 %. Andere Sprachen werden nicht klar gelistet, betragen aber immerhin 7,97 %. Die Bevölkerung ist bunt gemischt –Latinos und Hispanics sind mit 25,4 % vertreten und 57,6 % werden als Weiße bezeichnet.

In Orlando leben nach einer Volkszählung von 2010 238.300 Einwohner. Diese Mischung bringt natürlich viel Abwechslung in das tägliche Leben von Orlando.

In dieser schönen Stadt gibt es 17 verschiedene Stadtparks, darunter der Lake Eola Park, der Loch Haven Park und der Bill Frederick Park at turkey Lake. Im späteren Verlauf des Reiseführers wird noch näher auf diese Parks eingegangen.

Orlando fungiert als Werbeträger für eine ganze Reihe bekannter Freizeitparks, so beispielsweise für das 1971 eröffnete Walt Disney World Resort, das Universal Orlando Resort, für SeaWorld und die Freizeitparks Gatorland, Holy Land Experience. In Orlando sind auch der Sport, das Theater und die Musik zu Hause. Um was es sich dabei genau handelt, wird im späteren Verlauf vorgestellt.

Anreise mit dem Flugzeug

FLUGHÄFEN

Orlando International Airport (MCO)

Ein kurzer geschichtlicher Einblick zum Orlando International Airport.

Der Orlando International Airport (ICAO: KMCO, IATA – Code – MCO) war 1960 der McCoy Air Force Base Flugplatz, welcher auch zivil genutzt wurde bis 1973. In diesem Jahr wurde die Schließung der Air Force Base beschlossen und die dort stationierten Einheiten wurden Stück für Stück verlegt. 1974 hat man die Air Force

Base dann endgültig geschlossen. Im Jahr darauf übernahm Greater Orlando Aviation Authority den Flughafen und diese betreiben den Orlando International Airport bis heute.

Im Jahr 2018 wurden rund 47,70 Millionen Passagiere bedient, womit der Orlando International Airport der größere der beiden Flughäfen in Florida ist – Miami zählte im gleichen Jahr nur etwa 45,04 Millionen Passagiere.

Nun ein kleiner Einblick in meine persönlichen Erfahrungen:

Ich habe Orlando schon sehr oft besucht und muss sagen, mir passiert es immer wieder, dass ich mich auf dem Orlando International Airport verlaufe. Es gibt zwar sehr viele Hinweisschilder auf dem Airport, welche jedoch zum Teil sehr unübersichtlich gestaltet sind, sodass man etwas verwirrt ist. Ich empfehle, dass Sie sich Zeit nehmen und genau hinschauen und zur Not fragen Sie das sehr freundliche Personal.

Lassen Sie sich auch nicht von den Zügen

abschrecken und steigen Sie zeitnah in diese ein. Es dauert durch das erhöhte Passagieraufkommen eventuell ein wenig, so dass Sie warten müssen.

Wenn Sie etwas essen und trinken wollen, ist der Airport jedoch nicht geeignet. Nicht weil es nicht schmeckt, sondern weil es einfach teuer ist.

Am besten Sie warten, bis Sie in Ihrem Hotel oder Ihrer Unterkunft angekommen sind oder Sie gehen in den zahlreichen Restaurants in der Stadt etwas essen.

- Nun ein paar kurze allgemeine Informationen zum Orlando International Airport

Bevorzugen Sie spezielle Fluggesellschaften?

Dann sollten Sie wissen, dass 40 Fluggesellschaften diesen Airport nutzen. Den größten Anteil nutzt Southwest Airlines, gefolgt von Delta Air Lines, Jetblue Airways, American

Airlines, Spirit Airlines, United Airlines und Frontier Airlines.

Es werden 95 nationale und 59 internationale Ziele angeflogen. Aus dem deutschsprachigen Raum fliegen von Frankfurt am Main aus die Lufthansa und von Zürich aus die Edelweiss Air den Flughafen an.

Sie können aber auch von anderen deutschen Flughäfen aus fliegen, stellen Sie sich jedoch dabei auf Zwischenstopps und mehrere Umstiege ein.

Vorab: Das ist sehr anstrengend und zeitaufwendig. Ich habe circa 12 Stunden bis Orlando gebraucht, von Berlin Tegel beginnend mit Umstieg in Chicago. Natürlich kostet ein Direktflug mehr, jedoch lohnt es sich. Denn wie Sie wissen, ist in einem Flugzeug nicht sehr viel Platz.

Der Airport liegt 14 Kilometer südöstlich des Stadtzentrums von Orlando. Die Florida State Road 528 verläuft nördlich des Flughafens. Der Flughafen wird durch Busse in den öffentlichen Personennahverkehr eingebunden. Die Routen 11, 42, 51, 111 und 436S des Betreibers LYNX fahren den Orlando International Airport regelmäßig an. Ich habe damit noch nie Erfahrungen machen können, da ich lieber im Taxi oder bei Bekannten mitfahre.

Orlando Sanford International Airport (SFB)

Neben dem Orlando International Airport gibt es einen weiteren Flughafen, den Orlando Sanford (SFB) Flughafen. Dieser liegt jedoch 40 Kilometer entfernt von Orlando. Der Betreiber ist derselbe wie der des Orlando International Airport. Der Orlando Sanford International Airport besitzt 2 Terminals und verfügt über vier Start- und Landebahnen. Die Gesamtfläche des Flughafens beträgt 1214 Hektar. Von dem Orlando Sanford International Airport aus werden 86 Ziele angeflogen. Mit 71 Zielen hat Allegiant Air den größten Anteil. 76 von den 86 Flugzielen liegen in den Vereinigten Staaten. Zusätzlich bietet der Flughafen zehn internationale Ziele in

Europa an. Neben Amsterdam werden neun Ziele im Vereinigten Königreich angeflogen. Jedoch sollten Sie diesen Flughafen nicht nutzen, wenn Sie Orlando besuchen wollen. Die Personennahverkehrsanbindung ist vor Ort nicht so gut nach Orlando ausgebaut und die gesamte Strecke mit dem Taxi zu fahren, empfehle ich Ihnen nicht.

Hinweise zur Nutzung eines Taxis

Die Taxipreise in den USA werden behördlich festgelegt, was keinen großen Spielraum für das Sparen lässt. In Orlando wurde 2017 der letzte Tarif festgelegt und von behördlich geeichten Taxametern sichergestellt. So gibt es eine Grundgebühr am Tag von $

3, dazu kommt der Kilometerpreis von $ 1.50. Für Stand- und Wartezeiten fallen pro Stunde $ 18 an. Denken Sie auch unbedingt daran, dem Fahrer Trinkgeld zu geben. Dies ist ein wichtiger Bestandteil des Einkommens. Das Trinkgeld sollte zwischen 15 % und 18 % des Fahrpreises betragen. Taxis fahren im gesamten Stadtgebiet und auch vom Flughafen aus. Versuchen Sie jedoch, auf einen Bus oder ein Leih-Auto auszuweichen.

Vermeiden Sie es, mit dem Fahrer unnötige Gespräche zu führen. Die Taxifahrer müssen sich konzentrieren und mögen es nicht, wenn sie von lauten Geräuschen oder Gesprächen gestört werden. Zudem gibt es viele Fahrer, die die englische Sprache nicht beherrschen. Achten Sie auch darauf, dass Sie einem anderen Fahrgast nicht das Taxi wegnehmen. Dies kann unter Umständen für Sie unnötigen Ärger mit sich bringen, welcher vermeidbar ist.

Der Taxifahrer kann Sie dafür einfach stehen lassen.

Sollten Sie unbedingt mit einem Taxi fahren wollen, nenne ich Ihnen ein paar Firmen, mit denen ich bereits gute Erfahrungen gesammelt habe und welche ich Ihnen empfehlen kann. Unter anderem wären das ACE Metro / Luxury Cab, Diamond Cab Company, Quick Cab, Star Taxi und Town & Country Transport.

Zahlen Sie im Taxi wenn möglich immer mit Kreditkarte. Das ist in allen Taxis möglich. Wenn Sie sich nicht sicher sind, fragen Sie, bevor Sie einsteigen, den Fahrer oder, wenn Sie ein Taxi bestellen, die Hotline. Sonst könnte im Nachhinein viel Ärger auf Sie zukommen.

Unterkünfte aller Art

HOTELS

Sollten Sie mit dem Ziel nach Orlando fliegen, die Themenparks Walt Disney World und Universal Studios zu besuchen, empfehle ich Ihnen die Hotels der entsprechenden Anbieter. So können Sie schon im Vorhinein bei den Parks sparen. Wenn Sie jedoch nur die Stadt und die nähere Umgebung erkunden möchten, gibt es Hotels in der Stadt beziehungsweise in deren Nähe. Welche Hotels empfehlenswert sind, stelle ich Ihnen nun kurz vor.

Beginnen wir mit den Hotels von Walt Disney World.

Walt Disney World Hotels

• Disney´s All – Star Movie Resort
Ein auf 10 Gebäude verteiltes, mit 1920 Zimmern ausgestattetes Hotel. Hinzu kommt die Lobby mit Check-In, ein Selbstbedienungsrestaurant, ein Shop und eine Spielhalle. Das Hotel liegt ganz in der Nähe des Animal Kingdom Parks. Die Zimmer wurden in 5 Themenbereiche in 2 Gebäuden unterteilt. Die Themenbereiche sind 101 Dalmatians, Toy Story, Fantasia und The Mighty Ducks „The Love Bug". In dem Hotel befinden sich auch 2 Swimmingpools.

Die Zimmer sind fast alle gleich ausgestattet und wie in fast allen Hotels darf hier nicht geraucht werden. Wenn Sie einen Babysitter benötigen, ist das in diesem Hotel gegen eine Gebühr möglich. Denken Sie bitte daran, dass Sie in Amerika sind und so sollten Sie wenigstens der englischen Sprache mächtig sein, sonst haben Sie es hier recht schwer mit der Kommunikation. Ihnen wird in dem Hotel ein kostenloser Shuttle zum Vergnügungspark gestellt. Im Internet gibt es für das Hotel eine sehr gute Gäste-Bewertung. Die Kosten für die Zimmer sind recht unterschiedlich, Ihnen da jetzt verbindliche Preise zu nennen, ist nicht möglich. Am besten informieren Sie sich im Internet darüber oder Sie lassen sich im Reisebüro Ihres Vertrauens Auskunft geben.

• Disney´s All-Star Music Resort
Hier gibt es genauso viele Zimmer wie im Movie Hotel. Die Gebäude-Einteilung wurde lediglich mit den Themen verändert. Wenn Sie also auf Musik und Musicals stehen und diese bevorzugen, sind die hier angebotenen Themenbereiche perfekt für Sie. Musikthemen wie Calypso, Jazz Inn, Rock Inn, Country Fair und Broadway sind hier unter anderem vertreten. Zum Entspannen und zum Abschalten gibt es verschiedene

Möglichkeiten, beispielsweise können Sie die 2 Swimmingpools nutzen.

- Disney´s Caribbean Beach Resort

In diesem Hotel ist alles auf das karibische Flair ausgelegt. Das Resort mit 2112 Zimmern, die auf 5 verschiedene Dörfer verteilt sind und mit einem 18 Hektar großen See angelegt sind, laden förmlich zum Relaxen und Entspannen ein. Die angesprochenen Dörfer wie Trinidad, Aruba, Martinique, Barbados, Tobago und Jamaika sind nicht die einzigen Highlights hier. Sie sollten die 2 grandiosen Restaurants besuchen und das jeweilige Essen probieren. Hier speisen Sie im Shutter´s at Old Port Royale oder im Old Port Royale Food Court wie in der Karibik.

Ich werde hier nun nicht noch mehr der Disney World Resorts auflisten, denn dafür sind es einfach zu viele und ich möchte Ihnen nicht den Spaß am Lesen nehmen. Es sei nur so viel gesagt, dass, eingeschlossen der genannten Hotels, 10

Hotels mit 3 bis 5 Sternen vorhanden sind. Informieren Sie sich vorab, welches Hotel Sie besuchen möchten und beziehen Sie in Ihre Entscheidung ebenso die Umgebung und die verschiedenen Themen mit ein.

Universal Studios Resorts

Bei den Universal Hotels ist es schon etwas überschaubarer bezüglich der Anzahl. Es werden nicht alle Hotels vom Parkbetreiber betrieben, sondern auch zum Teil von LOEWS. Hier ist es auch möglich, sich mithilfe seiner Zimmerkarte den Universal Express Unlimited Pass auszudrucken. So verkürzen Sie sich die Wartezeiten an den Attraktionen im Park. Sie können auch mithilfe der Early Park Admission Karte, welche es in jedem Hotel gibt, den Wizarding World of Harry Potter eine Stunde vor der regulären Öffnungszeit besuchen. Alle Universal Studios Resorts liegen in unmittelbarer Nähe zum Park.

- Loews Portofino Bay Hotel

Beginnen wir mit dem teuersten der On-Site Hotels. Hier bekommen Sie schon direkt zum Aufenthalt im Hotel den Universal Express Unlimited Pass dazu. Es wurde eine italienische beziehungsweise mediterrane Gestaltung gewählt. Sie finden in dem Hotelbereich auch eine eigene Kunstgalerie sowie 2 Themenpools im Freien und Sie haben einen Transfer-Service zu den Themenparks von Universal Studios mit inbegriffen.

- Hard Rock Hotel

Mit einer mexikanischen / spanischen Gestaltung glänzt das Hard Rock Hotel. Als Highlight gibt es hier einen Hotelpool, der einem Sandstrand nachempfunden wurde. Besonders ist hier, dass jeder Besucher die Musik dank der speziellen Soundsysteme auch unter Wasser hören kann. Durch die Nutzung des Hotels können Sie alle regulären Warteschlangen im Park umgehen und im hoteleigenen Restaurant Palm lassen Sie sich von der wunderbaren amerikanischen Küche verführen und bezaubern. Nebenher lassen die Erinnerungsstücke der Rock-n-Roll Szene Sie staunen und sich in deren Zeit zurückversetzen.

- Value / Low Budget Hotels

Wie Sie wissen, kann sich nicht jeder eines der teuren Hotels leisten. So haben Universal Studios einen Weg gefunden, um auch der weniger verdienenden Bevölkerung eine Reise zu ermöglichen. 2014 wurde das erste „Universal´s Bay Beach Resort" der 3 Hotels eröffnet und es kam sehr gut an, so dass es fast immer ausgebucht war und ist. Die beiden anderen, Adventura Hotel und Loews Sapphire Falls Resort, wurden direkt im Anschluss gebaut.

So können auch Personen die Parks besuchen, welche finanziell etwas eingeschränkt sind. Viele Abstriche müssen Sie hier jedoch nicht machen und die Bewertungen mit 9 von 10 Punkten sind schon fast hervorragend. Sogar ein Strand und 2 Pools sind vorhanden, ebenso wie eine Kegelbahn mit 10 Bahnen und eine Wasserrutsche. Für die Kleinen ist ein Spielzimmer eingerichtet, in welchem sich Ihre Kinder austoben und mit Gleichaltrigen spielen können. Für Familien wurden auch Familiensuiten eingerichtet, welche eine komplette Küchenzeile inbegriffen haben. Sie dürfen in diesem Hotel Speisen und Getränke mitbringen. Im Food Court bekommen Sie Burger, Milchshakes, Pizza und Sandwiches. In welchem Hotel gibt es so etwas schon? Natürlich müssen die Betreiber irgendwo sparen, dass bedeutet, dass Sie keinen Universal Express Unlimited Pass bekommen. Den Early Park Admission Pass bekommen Sie jedoch trotzdem, in Verbindung mit einer gültigen Eintrittskarte.

Schließen wir hiermit die Parkhotels ab und kommen zu den Hotels, die Sie für die Reise nach Orlando nutzen sollten.

Orlando Stadthotels

- Hyatt Regency Hotel

Beginnen wir mit dem preisintensiven Stadthotel. Das Hyatt Regency Hotel in Orlando hat 4,5 Sterne und ist somit die Nummer eins der Business Hotels. Das Hotel überzeugt mit einer sehr guten Lage, Sauberkeit, freundlichem Service und einem perfekten Preis-Leistung-Verhältnis. Die Zimmer sind alle Nichtraucher-Zimmer und haben kostenloses Highspeed-Internet in Form von WLAN.

Die Zimmer sind mit einem riesigen Flachbildschirm ausgestattet, welchen Sie bei Bedarf auch auf den Badespiegel zuschalten können. Für die Aktivitäten der Kinder ist auch gesorgt und diese sind ebenso bestens versorgt. Eine Mietwagenstation finden Sie direkt am Hotel, für den Fall, dass Sie ein Fahrzeug benötigen und benutzen möchten. Das ist jedoch fast nicht nötig, denn Sie können alles prima zu Fuß erreichen.

- Avanti International Resort

Natürlich möchte ich Ihnen das Mittelklasse-Hotel nicht vorenthalten.

Eine Empfehlung von mir ist nach langem Recherchieren das Avanti International Resort. Es hat ein gutes Preis-Leistung-Verhältnis und ist die Nummer eins der Mittelkasse-Hotels. Mit 3 Sternen in der Landeskategorie können Sie mit einer modernen Ausstattung rechnen. WLAN ist auch hier für jeden Gast kostenlos und in jedem Zimmer vorhanden. Mit der ausgesprochen guten zentralen Lage können Sie auch hier auf ein Mietfahrzeug verzichten. Sie haben im Poolbereich für Ihre Kinder einen extra Bereich, was davon zeugt, dass dieses Hotel für Familien gut geeignet und sehr empfehlenswert ist. Hier gibt es auch die Besonderheit, dass nicht nur Englisch gesprochen wird, auch Spanisch ist hier eine Möglichkeit.

- Rosen Inn at Point Orlando

Kommen wir nun zur günstigsten Variante der Hotels von Orlando.

Jeder hat gewisse Ansprüche und somit bleibt mir auch hier nur die Nummer eins der günstigsten Hotels zu erwähnen. Im Rosen Inn at Point Orlando haben Sie ein Hotel mit 3 Sternen, welches mit Sauberkeit, Freundlichkeit und sehr gutem Service überzeugt. Der einzige Nachteil, den Sie hier haben, ist, dass es sich direkt an der Autobahn befindet. Alle anderen Angebote wie WLAN, Pool, Spielzimmer und kostenlose Parkplätze sind hier ebenso vorhanden. Die Sprachen sind hier, wie im letzten erwähnten Hotel auch, Englisch und Spanisch. Die Ausstattung der Zimmer ist sehr einfach und schlicht gehalten, aber auf Sauberkeit wird ebenso geachtet und Priorität gesetzt.

Ich möchte nun die Kategorie Hotels abschließen. Sie sollten sich jedoch unbedingt mit einem Reisebüro Ihres Vertrauens in Verbindung setzen, bevor Sie verbindlich buchen. Dort bekommen Sie weitere Informationen und Tipps, welche Unterkünfte Ihren eigenen Bedürfnissen entsprechen und in Ihrer Preiskategorie liegen.

FERIENWOHNUNGEN

Ferienwohnungen gibt es in Orlando wie Sand am Meer. Dabei sollten Sie unbedingt beachten, dass es nicht immer so ist, wie es scheint. Es gibt Ferienwohnungen, die sollten Sie unbedingt meiden. Ich verrate Ihnen einige Ferienwohnungen, die Sie ohne Bedenken nutzen können. Bedenken Sie, dass diese aber auch aufgrund Ihrer Lage sehr gefragt und darum oft ausgebucht sind.

- Suite – Living – Plus Orlando

Etwa 17 km vom Flughafen MCO Orlando entfernt, befindet sich die Wohnanlage Orlando Creek. In dieser Wohnanlage befinden sich sehr schöne Nichtraucher-Apartments. Alle Unterkünfte verfügen über einen eigenen Essbereich, ein Wohnzimmer und eine voll ausgestattete Küche mit diversen Utensilien zum Kochen. Ein Wäschetrockner und eine Waschmaschine gehören auch zur Ausstattung dazu. Eine Terrasse mit Grill und privatem Pool ist für die Gäste exklusiv vorgesehen. Bei einer Buchung gibt es jeweils Privatparkplätze dazu. Auch WLAN ist überall vorhanden und nutzbar. Die Themenparks liegen 6 bis 8 km entfernt. Hier ist zu empfehlen, einen Mietwagen zu nutzen.

- Das Bedroom Condo 10 Minute

Hier finden Sie eine sehr schlichte Einrichtung vor, aber dafür ist es preislich für jeden erschwinglich und finanziell möglich. Sie haben hier ein Schlafzimmer, eine komplett ausgestattete Küche und eine Waschmaschine zur Verfügung. Parkplätze sowie WLAN sind hier bei einer Buchung im Preis inbegriffen. Der Flughafen MCO Orlando ist 22 km entfernt.

PRIVATE VERMIETUNGEN

Viele bevorzugen die Möglichkeit, von Privat zu mieten, ich jedoch rate Ihnen strickt davon ab. Es sei denn, Sie kennen die Person beziehungsweise die Vermieter persönlich. Ich habe die Erfahrung gemacht und bin mehrmals auf die Nase gefallen, was viele Stunden ohne Dach über dem Kopf und zusätzliche Kosten nach sich zog. Ich werde Ihnen hier auch keine Angebote vorstellen, da ich dies persönlich nicht kontrollieren kann. Wenn Sie, wie ich, irgendwann öfter in Orlando sind beziehungsweise waren und dort Freunde gefunden haben, sieht die Sache etwas anders aus und Sie können sich von Ihnen beraten lassen. Halten Sie den Kontakt aufrecht, so haben Sie immer eine kostengünstige Unterkunft und gleichzeitig auch einheimisches Wissen und die damit verbundenen Insidertipps.

Essen und Trinken

RESTAURANT

Welche Küche bevorzugen sie? Es gibt in Orlando 144 Meeresfrüchte, 75 Steakhäuser, 140 Mexikanische, 294 Italienische, 180 Chinesische, 47 Indische und 142 Sushi-Restaurants. Das ist eine ganze Menge. Keine Sorge, ich werde Ihnen jetzt nicht alle einzeln aufzählen und erläutern.

Ich gebe Ihnen lediglich Tipps, welche guten Restaurants Sie besuchen können, sollten und müssen.

Die guten Restaurants sind immer ausgebucht, das heißt, dass Sie entweder frühzeitig reservieren oder auf andere Restaurants ausweichen müssen. Auch Mittelklasse-Restaurants überzeugen zum Teil mit gutem Essen und guten Preisen.

Aber egal, welches Restaurant Sie besuchen sollten, achten Sie auf die angemessene Menge Trinkgeld. Die Angestellten verdienen meist nicht so viel und sind auf das Trinkgeld von Ihnen angewiesen.

Ich habe die Erfahrung gemacht, dass kleine Küchen, die nicht so bekannt sind, am besten schmecken und die Portionen sind für den Preis überdurchschnittlich groß. Solche Küchen finden Sie meist im Bereich kleinerer Einkaufsmärkte. Warum teuer essen gehen, wenn es günstig und super lecker auch geht. In solchen Küchen kochen meist ältere Damen, die sich nicht an feste Rezepte halten, sondern so kochen wie Zuhause. Das schmeckt man dann auch.

Können Sie sich vorstellen, eine solche Küche zu

probieren?

Wenn Sie natürlich lieber vorzugsweise in ein Restaurant gehen möchten, zeige ich Ihnen aus jeder Preiskategorie eines.

▪ Victoria & Albert´s

Das Victoria & Albert´s ist mit 5 von 5 Punkten das mit Abstand beste Restaurant in Orlando und gehört deshalb auch zu der Oberklasse. Die amerikanische Küche mit einer Preispanne von $ 54 bis $ 109 pro Portion zählt definitiv zur Spitzenklasse. Es ist für jeden Geschmack etwas dabei, zusätzlich haben Sie hier die Möglichkeit, vegetarisch oder aber auch vegan zu essen. Das Restaurant befindet sich nicht weit vom Walt Disney World Park entfernt.

▪ Seasons 52

Im Seasons 52 können Sie in einer Preispanne von $ 14 bis $ 45 leckeres Essen der amerikanischen Küche recht preiswert, sozusagen mittelklassisch, genießen. Das Restaurant überzeugt mit seiner Küche, der Qualität und seinem ausgezeichneten Service. Auch hier ist es möglich, vegetarisch oder vegan zu essen. Für alle anderen sollte es hier auch etwas auf der Speisekarte geben. Die Bewertung im Internet für dieses Restaurant spricht eine klare Sprache. Jeder, der dort gewesen ist, hat nichts Schlechtes darüber zu sagen. Das spiegeln auch die 4,5 von 5 Punkten wieder. Ebenso ist dieses Restaurant mein persönlicher Favorit.

- Sweet Tomatoes

Zum Abschluss nun noch ein Restaurant für den kleinen Geldbeutel – das Sweet Tomatoes. Hier bekommen Sie nicht nur die amerikanische Küche serviert, sondern auch gesunde Speisen und Suppen. Hier ist für Groß und Klein etwas dabei. Hier stimmt nicht nur der Preis, sondern auch die Küche und der Service ist hier hervorragend. Schauen Sie doch einmal vorbei und überzeugen Sie sich selbst.

NACHTLEBEN UND CLUBS

Das Nachtleben in Floridas Klima ist nahezu perfekt für die einzigartigen Hausdachbars. Im Eye Spy finden Sie eine Bar mit Live-Musik und einen hauseigenen DJ. Die Monkey Bar, in der Sie sanfte Cocktails genießen können, zählt zu meinen persönlichen Lieblingsbars in Orlando.

Orlando ist buntgemischt. Hier finden Sie von Country- und Westernbars, Comedy Clubs bis hin zu Tanzbars alles.

Waren Sie schon einmal in einer Karaoke Bar? – Nein? Das sollten sie ändern.

Die Karaoke Bar „Q Karaoke" ist Montag bis Sonntag von 17 Uhr bis 2 Uhr geöffnet. Das sollten Sie sich nicht entgehen lassen. Wenn Sie Clubs betreten wollen, achten Sie darauf, ob nicht eine Kleiderordnung vorgeschrieben ist. Unter Umständen dürfen Sie den Club dann nicht betreten.

Sie sollten Clubbesuche niemals allein machen,

nehmen Sie immer jemanden mit. Nachts ist diese Stadt genauso unsicher wie Berlin. Kriminelle wissen, wie mit Touristen umgegangen werden muss, damit diese an ihr jeweiliges Ziel kommen.

Freizeitaktivitäten

MUSEEN

Orlando besitzt viele Museen und alle sind es wert, angesehen zu werden. Im Charles Hosmer Morse Museum of Amerika ist die beste Tiffany Sammlung zu sehen.

Madame Tussauds ist in Orlando auch unbedingt einen Besuch wert. Hier werden sehr gute Wachsfiguren dargestellt. Hier brauchen Sie ungefähr 2 Stunden, um sich alles anzusehen.

Wollen Sie sich lieber Skelette ansehen? Dafür sollten Sie das Skeletons Museum of Osteology besuchen. Hier können Sie sich eine Karte ab $ 17,50 kaufen und sind für 2 Stunden mit dem Rundgang beschäftigt.

Das sind nur einige der zahlreichen Museen in Orlando. Sie finden noch viele mehr und können sich die Zeit sehr gut mit den Besuchen vertreiben. Aber das wichtigste Museum, was ich Ihnen unbedingt empfehle, ist das The Orange County Regional History Center. Die Geschichte von Orlando habe ich Ihnen kurz und knapp versucht, näher zu bringen. Hier jedoch werden Sie sich genau informieren können und alle Ihre offenen Fragen werden beantwortet. Der Preis von $ 8 ist für jeden erschwinglich. Es lohnt sich, dieses Geld dafür unbedingt zu investieren.

SHOPPINGMEILEN

Orlando hat mit Abstand die größte Fläche für Einkaufszentren. Über 3,5 Millionen m² stehen Ihnen in dieser Stadt zur Verfügung. Hier werden Sie mit Sicherheit ein Andenken finden oder ein Geschenk für Ihre Liebsten Zuhause.

Ich zum Beispiel reise nur mit Handgepäck nach Orlando und kaufe mir dann gezwungenermaßen einen neuen großen Koffer vor Ort dazu. Die Auswahl ist so unbeschreiblich riesig und groß, sodass es immer wieder passiert, dass Sie da und dort etwas kaufen.

Am meisten werden Sie jedoch in den Outlet Shops shoppen, da bezahlen Sie zum Beispiel für eine Jeans nur $ 2.

Die größte Mall ist die „The Florida Mall" mit unter anderem 250 Geschäften. Die Mall befindet sich ganz in der Nähe des Orlando International Airports und ist von Montag bis Samstag jeweils von 10 Uhr bis 21.30 Uhr und Sonntag von 10 Uhr bis 18 Uhr geöffnet. Hier finden Sie Geschäfte wie Saks Fifth Avenue, JC Penney oder

Gayfers. Aber auch Apple, H & M und American Girl sind hier vertreten.

Die luxuriöseste und modernste Mall ist die „The Mall at Millenia". Hier benötigen Sie einen recht großen Geldbeutel, um sich die angebotenen Sachen leisten zu können. Ist der große Geldbeutel nicht vorhanden, lohnt es sich aber dennoch, einmal hier vorbei zu schauen. Geöffnet ist die Mall Montag bis Freitag von 10 Uhr bis 17 Uhr und Samstag von 10 Uhr bis 13 Uhr. In den 150 Geschäften finden Sie Prada, Victoria´s Secret und Ann Taylor Loft – alles Unternehmen der gehobenen Klasse.

Im „Pointe Orlando" haben Sie alles, was Sie brauchen. Hier können Sie sich den ganzen Tag beschäftigen und aufhalten. Neben einem 3D-Kino „I-MAX" finden Sie Restaurants, Attraktionen, Nachtclubs und Unterhaltung im Freien. Das Spielwarengeschäft „FAO Schwarz" ist eines der berühmtesten in Amerika und hier ebenso ansässig. Abercrombie & Fitch und Disney Worldport gilt es auch, zu entdecken. Die Mall befindet sich am 9101 International Drive in Orlando und die freundlichen Mitarbeiter sind Montag bis Samstag von 11 Uhr bis 20 Uhr und Sonntag von 12 Uhr bis 20 Uhr für Sie da.

In der Festival Bay Mall finden Sie die Cinemark 20 mit 20 Großraum-Kinos verteilt auf 20 Kinosälen. Hier ist es möglich, ungestört Kinofilme zu sehen und das für vergleichbar wenig Geld.

Auch andere Unternehmen haben sich hier niedergelassen, da wäre unter anderem das Nine West Outlet zu erwähnen, in dem Sie ordentlich Geld sparen können und dies ebenso ausgeben können. Ein Universal Orlando Store ist hier auch vertreten, das bedeutet, Sie müssen den Park nicht unbedingt besuchen, wenn Sie nur ein Andenken möchten. Hier sind außerdem noch 80 weitere Unternehmen ansässig. Genießen Sie die Zeit und schlendern Sie über die 80.400 m² große Einkaufsfläche. Hier können Sie Montag bis Samstag von 10 Uhr bis 21 Uhr und Sonntag von 11 Uhr bis 19 Uhr Ihrem Shoppingverlangen nachgehen.

Kommen wir nun zu meiner beliebtesten Mall, in der Sie Montag bis Samstag von 10 Uhr bis 23 Uhr und Sonntag von 10 Uhr bis 21 Uhr bares Geld sparen werden.

Gemeint ist die „Prime Outlet Mall", welche am 4951 International Drive liegt. Hier finden Sie Waren von Hugo Boss Factory Store, welche bis zu 80 % reduziert sind – genauso wie in allen anderen Stores, wie zum Beispiel Calvin Klein, Esprit, Orlando Harley Davidson, Tommy Hilfiger und sogar Victoria's Secret Outlet Store. Alle Marken hier auf zu zählen, würde zu lange dauern. Sie können hier jede Menge einkaufen für nur ein Bruchteil der Preise, die Sie woanders zahlen müssten. In der Mall finden Sie auch die Möglichkeit, den Hunger sowie den Durst zu bekämpfen. Hier wird Ihnen der Spaß am Shoppen erst so richtig deutlich gemacht.

Nun habe ich Ihnen einige der beliebtesten und bekanntesten Malls Orlandos nähergebracht und vorgestellt. Welche Sie davon besuchen oder ob Sie alle besuchen, liegt nun ganz bei Ihnen. Ich wünsche Ihnen viel Spaß, wenn Sie auch nur eine dieser Malls besuchen.

THEMEN- UND VERGNÜGUNGSPARKS

Walt Disney World

Die am meisten besuchteste Touristenattraktion der Welt, mit 52,5 Millionen Besucher im Jahr, ist die Walt Disney World. Die 10.117 Hektar große Anlage, welche nur 20 Minuten südwestlich von Downtown liegt, umfasst 4 Themenparks, 2 Wasserparks, mehrere Theater, 24 Themenhotels und den Shopping- und Nightlife-Komplex Downtown Disney. Es gibt die Möglichkeit eines FastPass, welchen Sie sich zusammenstellen können. So können Sie alle Parks besuchen und sparen viel Zeit und Geld. Lassen Sie sich von Disney verzaubern und in eine andere Welt entführen.

Magic Kingdom

Der älteste Park im Komplex, der 1971 eröffnete, ist der Magic Kingdom. Der Park ist für Familien mit jüngeren Kindern geeignet. Es wimmelt hier nur so von bekannten Disney-Motiven. Zum Beispiel gibt es hier das berühmte Cinderella-Schloss zu entdecken, welches ein Nachbau aus dem Zeichentrickfilm von 1950 ist. In den 6 Parkbereichen sind die Main Street U.S.A, Adventureland mit Motiven aus Disney-Abenteuerfilmen, Frontierland mit Wildwest-Motiven, Liberty Square mit Motiven der amerikanischen Geschichte, Fantasyland mit klassischen Disney-Motiven und Tomorrowland mit Science-Fiction-Motiven vertreten.

Jeden Abend findet im Park ein Feuerwerk statt, welches zu bestaunen ist, das sogenannte „Wishes-Firework". Das Feuerwerk allein ist schon die beste Attraktion im Park. Die Highlights im Park sind 9 Attraktionen. Dazu gehören unter anderem die Seven Dwarfs Mine Train, Buzz Lightyear's Space Ranger Spin,

Happily Ever After, Space Mountain, Mickey´s PhillarMagic, Big Thunder Mountain Railroad, Splash Mountain, Under the Sea Journey of the Little Mermaid und Pirates of the Caribbean. Für ein Tagesticket für Erwachsene zahlen Sie $ 95. Für Kinder gibt es natürlich Ermäßigung, so zahlen Sie für Kinder von 0 Jahren bis 2 Jahren keinen Eintritt und für Kinder von 3 Jahren bis 9 Jahren zahlen Sie für ein Tagesticket nur $ 89. Denn vollen Preis zahlen Sie für Kinder ab 10 Jahren. Die Erlebnisse entschädigen die Preise. Auch Getränke, Essen und Snacks findet man im Park, aber diese sind sehr teuer.

Nehmen Sie sich unbedingt Wasserflaschen mit, aber keine Glasflaschen. Andernfalls müssen Sie sich auf Preise einstellen, wie zum Beispiel für einen Softdrink-Becher ein Liter $ 10 und unendliches nachfüllen nochmal $ 0.99. Es gibt auch überall kleinere Wagen, wo Sie Getränke, Cookies oder Limo erwerben können, aber Preise von $ 2.50 kann man sich durch Selbstmitgebrachtes sparen und zum Beispiel für Souvenirs ausgeben.

EPCOT – Park

Der 1982 eröffnete EPCOT-Park ist doppelt so groß wie das Magic Kingdom. In diesem Park finden Sie allabendlich die aus Feuerwerk, Laser, Wasser, Feuer und Licht kombinierte Show, die IllumiNations. Die Eintrittspreise sind nicht viel günstiger, hier werden für ein Tagesticket $ 90 für Personen ab 10 Jahre bezahlt.

Für Kinder von 0 Jahren bis 2 Jahren ist der Eintritt frei, lediglich ab 3 Jahren bis 9 Jahren zahlen Sie $ 84. Aber wie in allen Parks lohnt sich ein Besuch. Für die Kleinen gibt es die The Seas with Nemo & Friends Welt zu bestaunen, mit einem der größten Aquarien inmitten von Nemo, Epcot Character Spot, wo die Kleinen sich mit einem Autogrammbuch auf die Disney-Figuren stürzen können.

Den Turtle Talk With Crush gibt es ebenso zu bestauen. Hier können die Kleinen in Nemos Unterwasserwelt die Schildkröte Crush treffen und mit ihr sprechen. Aber nicht nur die Kleinen können Spaß haben. Für die Älteren gibt es richtig spannenden Nervenkitzel, unter anderem mit Mission Space, wo Sie eine interaktive Reise ins Weltall erleben und das Raumschiff sicher auf dem Mars zu landen versuchen. Wollen Sie Achterbahn fahren? Dann sollten Sie unbedingt den Test Track besuchen.

Sie fahren mit einer ultraschnellen Achterbahn, die Geschwindigkeiten von über 100 Km/h erreicht. Ist Ihnen das zu aufregend, können Sie auch einen Flug über Kalifornien mit der atemberaubenden Landschaft des Yosemite-Nationalparks und der Redwood-Wälder im Soarin´around the World erleben. Es gibt aber auch etwas für die ganze Familie.

Dazu müssen Sie zur World Show Case gehen. Dort erleben Sie 11 Länder und Lernen die Kultur der Mayas und Azteken kennen. Sie machen eine abenteuerliche Bootsfahrt in einem Wikingerschiff oder genießen leckere Speisen in einem marokkanischen Restaurant mit Bauchtanz.

Disney´s Hollywood Studios

Im Disney´s Hollywood Studios befindet sich ein Amphitheater mit 6.900 Plätzen, welches 1989 eröffnet wurde. Nach Einbruch der Dunkelheit wird hier die Show Fantasmic aufgeführt. Die Show gehört zu den populärsten Attraktionen des Komplexes. Die hier wichtigsten Highlights sind unter anderem das Millennium Falcon: Smugglers Run, Rock'n'Roller Coaster Starring Aerosmith, Alien Swirling Saucers, Star Tours: The Adventures Continue, Mickey und Minnie´s Runaway Railway, Toy Story Mania und The Twilight Zone Tower of Terror.

Das waren nur einige, die Sie unbedingt besuchen sollten, aber es gibt hier noch so viel mehr, was Sie verzaubern wird. Hier sind die Preise auch nicht ganz billig, aber sie sind den Besuch wert. Ab 10 Jahren bezahlen Sie $ 95 und für Kinder ab 3 Jahren bis 9 Jahren $ 89. Für Kinder bis 2 Jahren ist der Eintritt wieder kostenlos.

Disney's Animal Kingdom

Des Weiteren gibt es noch das sehr schöne und spannende Disney's Animal Kingdom zu bestaunen, welches mit einer Fläche von 200 Hektar 1998 eröffnet wurde. Das Thema des Parks ist die Erhaltung der Tierwelt und der gesamte Komplex ist ein Zoo beziehungsweise ein Wildpark. Musicals mit König der Löwen, Findet Nemo, Pandora und The World of Avatar werden Ihnen den Atem rauben. Weitere Highlights wie Avatar Flight of Passage, Na'vi River Journey, The Boneyard, Rivers of Light, Kali River Rapids, Gorilla Falls Exploration Trail und die Kilimanjaro Safaris werden Sie die Realität vergessen lassen. Ihnen werden unvergleichliche Erlebnisse mit exotischen Tieren geboten. Für ein Tagesticket ab 10 Jahren bezahlen Sie hier $ 95 und für Kinder ab 3 Jahren $ 89.

Disney's Typhoon Lagoon Water Park

Disney's Typhoon Lagoon Water Park gehört zu dem Gelände von Disney World. Er ist der ältere der beiden Wasserparks und wurde 1989 eröffnet. Der Wasserpark ist von Mitte März bis Januar geöffnet. In dem Wasserpark können Sie entspannt Sonnenbaden in tropischer Atmosphäre oder sich von einem erfrischenden Wasserabenteuer mitreisen lassen. Sie können sich auf aufregende Wasserrutschen freuen und auf reißende Ströme und eine der größten künstlichen Wellen der Welt. Sie finden Highlights wie 9 waterslides, Surf Pool with 6-foot waves, waterslide one with near vertical drops und Shark Reef.

Die Humunga Kowabunga ist eine fast vertikale Rutsche für den zusätzlichen Nervenkitzel. Sie können aber auch auf einem ruhigen Fluss entlang des Regenwaldes auf dem Castaway Creek fahren. Er führt Sie durch Höhlen und Wasserfälle hindurch.

Disney Blizzard Beach Park

Der jüngere der beiden Wasserparks ist der Disney Blizzard Beach und wurde im Jahr 1995 eröffnet. Die Entstehung dieses Parks ist sehr spannend. Geplant war ein Skigebiet, was nach einem Schneesturm entstehen sollte.

Der Schnee blieb aber nicht lange liegen und so blieben Berge mit wassergefüllten Skischanzen und Sessellifts zurück. Die Anlage sollte bereits geschlossen werden, als beobachtet wurde, wie ein Alligator eine Schanze herunter rutschte und in einem der vielen Wasserbecken landete. Danach entschlossen sich die Betreiber, das Skigebiet als Wasserpark zu eröffnen und der Alligator ist nun das Maskottchen des Parks mit dem Namen „Ice Gator".

Die meisten Rutschen beginnen auf dem Mount Gushmore, einem künstlichen Hügel von 27 Metern Höhe. In dem Berg ist die Technik der Rutschen untergebracht. Der Gipfel wird durch den Sessellift erreicht, der zur Thematisierung im Park passt. Er ist ausgerüstet mit Skiern und

Sonnenschirm. Die Rutschen auf dem Gipfel sind in drei Kategorien unterteilt – grün, rot und violett.

Eine der grünen Rutschen ist die Summit Plummet, eine Ein-Rohr-Wasserrutsche und mit 37 Metern die zweithöchste der Welt. Je nach Größe und Gewicht können Sie bis zu 90 km/h erreichen.

Neben der Wasserrutsche im grünen Bereich gibt es die Teamboat Springs Wildwasser-Rafting-Rutsche, in welcher 4 bis 6 Personen in einem Schlauchboot durch Stromschnellen die 426 Meter lange Strecke ins Tal rutschen können.

Auch sehr spektakulär ist die Slush Gusher, die mit ihren 27 Metern Höhe, 76 Metern Länge und einer Spitzengeschwindigkeit von 56 km/h durch zwei kleine Schanzen-Elemente führt. Sie haben förmlich das Gefühl, dass Sie fliegen.

Im violetten Bereich haben Sie wieder 3 verschiedene Rutschen. Die Downhill Double Dipper ist eine Seite-an-Seite-Rennrutsche. Sie besteht aus 2 Geraden, die 15 Meter hoch und 70 Meter lang sind. Beide Teilnehmer sitzen in Plastikreifen, welche durch ein Tor zurückgehalten werden. Die maximale Geschwindigkeit, die Sie erreichen können, liegt bei 40 km/h und Sie sollten mindestens 122 cm groß sein.

Auf der roten Piste gibt es nur eine Attraktion. Auf ihr befinden sich drei 180 Meter lange gewundene Röhren. Eine dieser Röhren ist komplett geschlossen. Die Rutschen können mit Reifen besetzt werden, welche wiederum mit 1 oder 2 Personen gerutscht werden können. Alle Rutschen der roten Piste enden im selben Becken.

Im Tal befindet sich der Meltaway Bay, ein 4000 Quadratmeter großer Wellenpool. Er befindet sich am Fuße des Mount Gushmore und in diesen fließt immer wieder Schmelzwasser, was die kleinen Wellen verursacht.

Der Cross Country Creek ist ein ringförmiger Kanal mit einer Länge von 900 Metern. Er verläuft am Außenrand des Parks. Die Besucher können sich in Reifen liegend um den Park treiben lassen. Eine kühle Eishöhle sorgt für eine Abkühlung zwischendurch. Sieben Einstiegsmöglichkeiten sind vorhanden. Die gesamte Dauer der Runde beträgt circa 30 Minuten.

Es gibt auch einen Bereich für Kleinkinder, der Ski Patrol Bereich.

Der Leisure Pool ist für Kinder unter 12 Jahren geeignet. In diesem ist es möglich, auf Eisschollen den Pool zu überqueren.

Eine Seilbahn, genannt Fahrenheit Drops, können Kinder mit einer Größe unter 150 cm in ein 250 cm tiefes Wasserbecken fallen.

Es gibt auch eine Rutsche ohne Begrenzung der

Kindesgröße, die Freezin´Pipe Springs.

Dazu haben auch die Kinder eine breite Reifen-rutsche, die Cool Runners.

Zu beachten bei diesem Park sind die saisonalen Öffnungszeiten von Anfang Januar bis Mitte September.

Disney Springs

Am östlichen Rand von Walt Disney World finden Sie das große Shopping-, Ausgeh- und Unterhaltungsviertel. Früher war es bekannt als Disney Downtown, jetzt jedoch heißt es Disney Springs. Der Bereich ist unterteilt in West Side, The Landing, Town Center und Marketplace. Sie finden hier eine große Anzahl an Geschäften, Restaurants und Unterhaltungsmöglichkeiten. Wer Souvenirs benötigt oder einfach nur etwas essen möchte, ist hier genau richtig. Lassen Sie sich das nur nicht entgehen.

Universal Orlando

Direkte Konkurrenz der Walt Disney World ist Universal Orlando. Zu diesem gehören 2 Themenparks sowie ein Ausgeh- und

Unterhaltungskomplex. Auf dem Gelände befinden sich 3 Luxushotels, die der Loews-Gruppe angehören. Der Komplex von Universal Orlando liegt etwa 10 Minuten von Downtown Orlando entfernt. Einige Medien behaupten, dass Universal Orlando unterhaltsamer als Walt Disney World wäre. Aber Walt Disney World bietet immer noch die besten Shows. Der Park ist einer der 20 meist besuchtesten Vergnügungsparks weltweit. Auf dem Gelände befindet sich unter anderem das größte Filmstudio außerhalb Hollywoods. In den Studios wurden zum Beispiel bis 2005 für den Kindersender Nickelodeon Serien aufgezeichnet.

Universal Studios Florida
Universal Studios Florida wurde 1990 mit dem Motto „Ride the Movies" eröffnet. Die Betreiber haben spannende und aufwändige Attraktionen mit Bezug auf Kinofilme gebaut, um konkurrieren zu können. Sieben Themenschwerpunkte hat der Park ausgewählt unter anderem Hollywood, Kids Zone, World Expo, San Francisco,

New York, Production Central und The Wizarding World of Harry Potter.

Sie finden hier auch einige Attraktionen, die es sich lohnt, zu erleben.

Der Hollywood Rip, Ride, Rockit ist eine Achterbahn, bei welcher es möglich ist, vor Fahrtbeginn einen Soundtrack auszuwählen. Die Achterbahn wurde 2009 eröffnet.

Als nächstes gibt es die Revenge of the Mummy, eine Kombination aus Achterbahn und Themenfahrt, welche auf dem Film „Die Mumie" basiert.

Sie können auch eine Kombination aus 3D-Film und Live-Stuntshow erleben, welche auf dem Film „Terminator 2 – Tag der Abrechnung" basiert.

Insgesamt gibt es 10 aktive Möglichkeiten, sich auszutoben.

Universal Islands of Adventure

Universal´s Island wurde im Jahr 1999 eröffnet und grenzt direkt an den Schwesterpark Universal Studios an. Die 6 Inseln waren die Ergänzungen zum Universal Studio Komplex. Es werden hier 8 Themenbereiche dargestellt, wo für jeden das Passende zu finden ist. Sie sollten wissen, dass die Eintrittspreise stark schwanken. An Tagen, an denen die Parks voller werden, steigen ebenso die Preise an. Für beide Parks sind mindestens $ 35,99 zu bezahlen. Für Gäste des Deluxe Hotels gibt es Pässe kostenlos dazu und die Attraktionen können ohne Zeitbegrenzung besucht und genutzt werden.

Tauschen Sie unbedingt echtes Geld in Universal Dollars ein, denn damit können Sie im Park überall bezahlen. Es gibt 3 verschiedene Dollar Noten 1, 5 und 10 Dollar. Figuren von Betty Boop, Scooby-Doo und Spiderman sind auf dem Park-Geld zu sehen. Die Idee dafür kam von der Walt Disney Company im Jahr 1987. Denken Sie daran, dass die Universal Dollar nicht zurückgetauscht werden können, anders wie bei den Disney-Dollar, also tauschen Sie nur so viel, wie Sie benötigen.

Zu beachten ist, dass Sie Ihre Rucksäcke oder Ihre wichtigen Gegenstände nicht mit auf die Fahrgeschäfte nehmen dürfen. Schließfächer sind in großem Umfang vorhanden, in welchen Sie Ihre Gegenstände aufbewahren können.

Port of Entry

Der Eingang von Universal Islands of Adventure wurde einem arabischen / orientalischen Markt nachempfunden. Er beginnt an den Kassen und führt bis zu einem See, welcher der Mittelpunkt des Parks darstellt. Alle anderen Themengebiete sind um diesen Markt herum gebaut. Es gibt hier keine Fahrgeschäfte, es ist wie eine riesen große Shopping Meile mit Einkaufs- und Essensmöglichkeiten. Lassen Sie sich von den unzähligen Restaurants in ein kulinarisches Abenteuer entführen, bevor Sie sich auf die große Reise durch die Themengebiete begeben.

Marvel Super Hero Island

Wenn Sie sich am Eingang links orientieren, gelangen Sie zu der Marvel Super Hero Island. Dieser Themenbereich ist einzig unseren Comic-Superhelden aus der Marvel-Reihe gewidmet. Die wichtigste und auch zugleich die Hauptattraktion ist eine Simulationsfahrt, bei welcher Sie eine nächtliche Abenteuerfahrt durch New York erleben. Diese Attraktion „The Amazing Adventures of Spider Man" lässt Sie für 7 Minuten in die Geschichte von Spiderman eintauchen. Erleben Sie einen tiefen Sturz von einem hohen Wolkenkratzer oder lassen Sie ein Feuerball auf Sie zukommen. Die Attraktion ist die ganze Zeit in Bewegung und lässt Sie mit Spiderman auf Gangsterjagd gehen.

Sie werden stellenweise sehr stark durchgerüttelt oder bekommen eine Wasserdusche auf der spannenden Fahrt ab.
Neben Spiderman gibt es hier eine weitere empfehlenswerte Achterbahn, The Hulk Coaster

genannt. Die Achterbahn hat die höchste Cobra-Rolle der Welt. Zudem werden Sie aus einem Tunnel mit einem Katapult starten, woraufhin Sie direkt in klassischen Loopings und Überschlags- bzw. Überkopfelementen landen. Sie brauchen hier viel Nerven und einen ruhigen Magen, wenn Sie dies überstehen wollen. Selbst für Adrenalin-Junkies ist dies ein Höllenritt mit einer Höchstgeschwindigkeit von 103 km/h.

Toon Lagoon

Wenn Sie dem ringförmigen Weg um den See folgen, kommen Sie in den für Kinder ausgelegten Bereich. Hier treffen Sie auf Cartoons wie zum Beispiel Popeye. Sie können sich auch bei diesen oft sehr warmen Temperaturen in diesem Teil des Parks eine langfristige Abkühlung holen, und zwar bei wilden Fahrten mit den gigantischen Wasserbahnen.

Am Ufer der Lagune befindet sich der Rapid River „Popey & Bluto´s Bilge-Rat Barges", vorbei an der riesigen Wildwasserbahn „Dudley Do-Right", welche nur wenige Meter entfernt ist. Sie sollten unbedingt Wechsel-Sachen dabeihaben, denn hier werden Sie nicht nur ein paar Tropfen abbekommen. Sie werden bereits mit Warnschildern erwartet „You will get soaked", die Sie darauf vorbereiten sollen, dass Ihre Kleidung triefend nass wird. Zum Aufbewahren der trockenen Kleidung haben Sie auch hier Schließfächer.

Jurassic Park

Einem sehr bekannten Film hat Universal Studio einen kompletten Themenbereich gewidmet. Jurassic Park ist jeder Altersklasse bekannt und auch Sie haben den Film bestimmt schon mindestens einmal gesehen. In dem Parkbereich gibt es eine Wasserbahn „River Adventure", die Sie an Urwaldpflanzen und Dinosauriern vorbeiführt und wo Sie sich in der prähistorischen Zeit wiederfinden. Wie im Film, welcher 1993 erstmalig im Kino ausgestrahlt wurde mit den Worten von John Hammond „Wir haben keine Kosten und Mühen gescheut", wurde der Park dementsprechend gestaltet. In der Gestaltung des Parks finden Sie das Discovery Center als Empfangsbereich des High-Tech Parks, welches am Ufer des Sees liegt. Dieses Center lässt Sie die Geschichte der Dinosaurier realistisch und hautnah miterleben. Für die Kleinen wurde das Camp Jurassic errichtet, welches um einen begehbaren Vulkan entlangführt. Auf der Hänge-achterbahn „Pteranodon Flyers" werden Sie eine 90 Sekunden lange Fahrt erleben. Mit einer Höhe von 20 Metern über dem Park haben Sie dabei die perfekte Aussicht.

The Lost Continent

Der Bereich Lost Continent wurde auf alte Mythen ausgelegt. Er wurde mit sehr viel Felsen errichtet, was die Spannung heben soll. Dieser Bereich ist für alle Altersgruppen geeignet. Die Dueling-Dragons-Achterbahn ist eine der Hauptattraktionen in diesem Park. Hier werden Sie mit knapp 100 km/h durch die Luft gewirbelt. Neben der Achterbahn werden Sie von zwei Shows fasziniert und in die Welt der Mythen entführt. Was Sie sich unbedingt nicht entgehen lassen sollten, ist das Restaurant Mythos. Es wurde schon mehrfach als bestes Themenrestaurant der Welt ausgezeichnet. Stellen Sie fest, ob es die Auszeichnung verdient hat und Sie werden überrascht sein, wie gut es hier tatsächlich schmeckt.

Seuss Landing

Der Bereich Seuss Landing ist fast ausschließlich für Kinder ausgelegt. Das Highlight ist hier definitiv der High In The Sky Seuss Trolley Train Ride. Das Transportfahrgeschäft führt die Kleinen durch den gesamten Bereich. Kein Kind wird sich dies entgehen lassen wollen. Die gesamte Gestaltung wurde nach dem Kinderbuchautor Dr. Seuss erstellt.

The Wizarding World of Harry Potter

Die zauberhafte Welt von Harry Potter ist die jüngste der Themenareale. Der Bereich wurde im Juni 2010 für Besucher eröffnet. Dieser Themenbereich soll Sie in die zauberhafte Welt Harry Potters entführen. Hier erleben Sie die Schule für Hexerei und Zauberei „Hogwarts" mit

berühmten Figuren des Buches und der Film-
reihe. Berühmte Orte der beliebten Reihe werden hier ebenso dargestellt. Die ersten Aufga-
ben des Trimagischen Turniers werden Sie erleben und daran teilnehmen sowie den Flug des
Hippogreifs (Flight of the Hippogriff).

Einen Nachbau der Kleinstadt Hogsmeade
mit den vielen ungewöhnlichen Geschäften werden Sie besuchen können sowie den Zonkos
Scherzartikelladen. Verzaubern Sie sich mit den
Spaßartikeln aus Harry Potter. Ollivander ist
der Zauberstab-Laden, an dem kein Besucher
vorbeikommt. Er ist ein wichtiger Bestandteil
der gesamten Geschichte. Besuchergruppen von
20 Personen werden in die Läden gelassen, um
einen unnötigen Stau zu vermeiden.

Bringen Sie also ein wenig Geduld mit, wenn
Sie die Geschäfte besuchen wollen. Sollten Sie in
der Zwischenzeit etwas Hunger bekommen haben, dann suchen Sie doch die unzähligen Restaurants in dem Areal auf. In Filmen wurde immer gut gespeist, dies ist natürlich auch in der

Realität so. Zum Beispiel im The Three Broomsticks, wo Sie mit traditionellem Essen aus Britannien verwöhnt werden. Jetzt kann ich mir vorstellen, dass Sie sich auch das spezielle Essen aus den Filmen wünschen, und auch das gibt es hier.

Probieren Sie das Butterbier oder den Kürbissaft und natürlich auch das Erdbeer-Erdnussbutter-Eis. Lassen Sie es sich nicht entgehen, das Hog's Head zu besuchen, wo ein großer Eberkopf den Eingang markiert. Aber nicht nur das Essen in Harry Potters Welt ist super, sondern auch die verschiedenen Achterbahnen. Sogar der Hogwarts-Express ist vorhanden. Wie im Film oder in den Büchern ertönt das Pfeifen der Lokomotive und der unvergleichliche Rauch ist zu sehen. Der nachgebaute King's Cross Bahnhof mit dem Gleis 9 ¾ ist schon eine spektakuläre Simulation. Genießen Sie die Zeit bei Harry Potter, bevor Sie den Park verlassen.

Der CityWalk

Der CityWalk besteht aus einem Multiplex Kino mit 20 Sälen sowie einer Konzerthalle und dem Hard Rock Café Orlando. Die Blue Man Group und diverse Shoppingmöglichkeiten sind auch hier zu finden. Seit 2011 gibt es das „Hollywood Drive-In Golf". Das ist eine Minigolfanlage, welche direkt am Eingang des CityWalks liegt. Wenn Sie einen der Nachtclubs besuchen möchten, die sich hier befinden, sollten Sie wissen, dass diese meist kostenpflichtig sind. Es sei denn, Sie besitzen ein CityWalk Party Pass, mit dem Sie die Clubs ohne extra Kosten besuchen können. In manchen Fällen ist dieser CityWalk Party Pass in jedem 2-Tages-/Park-Tickets enthalten. Achten Sie bei der Buchung darauf. Gedenken Sie, mit dem Pkw hierher zu fahren, so haben Sie die Möglichkeit, in einem Parkhaus zu parken. In diesem Parkhaus können Sie auch Parken, wenn Sie die anderen 2 Parks besuchen möchten, denn der CityWalk befindet sich direkt vor den Parks. Sie müssen hier also unweigerlich durch.

Im CityWalk empfehle ich Ihnen den „Red Coconut Club". Dieser ist im Las Vegas Stil eingerichtet und ist Orlandos exklusivster Club. Achten Sie unbedingt auf ein gepflegtes Erscheinungsbild, wenn Sie hier Party machen möchten.

Als Restaurant im CityWalk werden Sie um die Filiale des Starkochs Emeril Lagasse nicht herumkommen. Im „Emeril´s Restaurant Orlando" werden Sie mit kreolischer Küche verwöhnt. Angeboten wird hier Mittagessen und Abendessen und Spätabends wir ebenso noch Essen serviert. Sie sollten vorher rechtzeitig reservieren, um einen Tisch zu bekommen. Als Highlight bekommen Sie als Besucher der Universal Studios eine Nachspeise gratis dazu. Preislich befinden wir uns in der Mittelklasse, was es ohne Bedenken wert ist.

Für den kleinen Geldbeutel

Wie kann ich bei einer Reise in eine Stadt wie Orlando sparen? Das wird nicht einfach. Wenn Sie jedoch schon vorab festlegen, was Sie wollen, lässt sich der ein oder andere Euro oder Dollar sparen.

Beginnen wir beim Flug: Es muss nicht immer der Luxus-Direkt-Flug sein. Nehmen Sie ruhig einen Zwischenstopp in Kauf. So lassen sich schon beim Flug ein paarhundert Euro oder Dollar sparen, zumal Sie bereits hier andere schöne Orte sehen können. Fliegen Sie, wenn möglich, Economy-Class, auch wenn der Platz nicht besonders groß ist. Wir leben in einem Zeitalter, in dem das Internet eine große Rolle spielt. Sie haben die Möglichkeit, unzählige Vergleichswebseiten zu nutzen, um günstige Flüge zu finden, zum Beispiel flugladen.de.

Dasselbe gilt für das Hotel. Wenn Sie die Themenparks besuchen möchten, dann nutzen Sie am besten die Hotels der Betreiber vor Ort. Dort haben Sie zum Teil schon Eintrittskarten für die Parks dabei und können sich diese Extrakosten auch sparen. Sie müssen auch nicht All Inklusive buchen, wenn Sie den ganzen Tag in den Parks unterwegs sind. Hier würden Sie nur Geld verschwenden.

In die Parks sollten Sie sich nur ein vorher festgelegtes Budget mitnehmen. Wie oft lässt man sich sonst von ach so günstigen Angeboten verlocken.

Sollte die Reise Sie nicht in die Themenparks, sondern in die Stadt ziehen, können Sie wesentlich mehr sparen. Nutzen Sie statt der teuren Taxis und Mietwagen lieber den Bus oder ein Leihfahrrad. Sie sparen nicht nur Geld, sondern Sie bereichern auch noch Ihren Körper.

Viele Parks im Umkreis und in der Stadt sind kostenfrei. Das Einzige, was dort zu bezahlen ist, sind Souvenirs, welche Sie sich aber nicht kaufen müssen. Zudem finden Sie oft in solchen Parks Menschen, mit denen man sich nett unterhalten kann. Viele amerikanische Familien sind sehr freundlich und laden Sie dann eventuell zu einem schönen Grillnachmittag im Park ein. Die Erfahrung habe ich selbst schon sehr oft gemacht und diese waren bisher immer positiv. Und ich muss sagen, solche ungeplanten Grillnachmittage sind schöner als jeder Themenpark.

Wenn Sie bei Ihrer Reise auf das Handy nicht verzichten können, sollten Sie, wenn möglich, Ihr Roaming ausschalten, am besten schon, wenn Sie abfliegen. In Orlando gibt es fast überall WLAN. Sie können mit WhatsApp oder Skype genauso telefonieren. Wollen Sie aber trotzdem auch außerhalb der WLAN-Bereiche telefonieren, sollten Sie darüber nachdenken, sich für ein paar Euro eine Sim-Karte für Amerika zu kaufen. Sie sollten diese bestellen, bevor Sie nach Amerika reisen, denn Sie wollen ja nicht den ersten Tag damit verbringen, sich eine Sim-Karte zu organisieren. Unter Tourisim, SimlyStor, travSIM oder Amazon finden Sie kostengünstige Angebote. Beim Bestellen müssen Sie nur den Zeitraum eingeben. Nun können Sie jederzeit Surfen oder Telefonieren, je nach Tarif, den Sie gewählt haben.

Abschließend ist noch zu erwähnen, dass Sie sich von Zuhause aus über Ihr Ziel sehr gut informieren können. Nutzen Sie Foren, über die Sie Erfahrungen anderer lesen und umsetzen können.

Fazit

Nun sind wir schon am Ende unserer kleinen Reise angelangt. Ich möchte Ihnen noch ein paar kleine Dinge mit auf den Weg geben.

Damit Sie nun ganz gespannt auf Ihre Reise nach Orlando gehen können, sollten Sie vor Antritt Ihrer Reise noch ein paar Dinge beachten. Das Wichtigste ist die Sprache, Ihr schulenglisch wird hier nicht ausreichen. Es ist sehr schwer, bereits bei der Einreise die Menschen dort zu verstehen, denn Sie reden sehr leise und haben zum Teil einen sehr ausgeprägten Dialekt. Wenn Sie bei Ihrer Einreise mit der Homeland Security sprechen müssen, sollte die Person Sie schon verstehen können, sonst kann es passieren, dass Ihnen die Einreise verweigert wird. Amerika ist ein Land, in dem Sie ein Visum und einen Reisepass brauchen, um überhaupt einreisen zu dürfen. Dies ist inzwischen sehr unkompliziert.

Sie beantragen im Internet eine ESTA Einreisegenehmigung, was nur 5 Minuten Ihrer Zeit in Anspruch nimmt. Dafür müssen Sie mit 29,95 € pro Person rechnen. Zahlen können Sie via Visa Card oder mit PayPal. Die Genehmigung erhalten Sie dann per E-Mail nach etwa einer Stunde. Diese Erteilung ist dann 2 Jahre gültig und Sie können in dieser Zeit so oft einreisen, wie Sie möchten. Beachten Sie aber, dass jeder Aufenthalt nur maximal 90 Tage haben darf und dass Sie damit kein Beschäftigungsverhältnis in den USA eingehen dürfen.

Die Einreise wäre nun geschafft.

Stellen Sie sich vor, Ihnen oder Ihren Liebsten passiert im Land der unbegrenzten Möglichkeiten etwas. Was dann? Hoffentlich haben Sie an eine Auslandkrankenversicherung gedacht. Wenn Sie diese nicht vorlegen können, wird es ganz schnell zu einem sehr teuren Urlaub. Die Amerikaner haben einen hohen Standard in Ihrem Gesundheitssystem, was sich natürlich auf den Kosten und auf der damit verbundenen Rechnung bemerkbar macht. Denken Sie deshalb vor Reiseantritt daran, sich für 10 € oder 15 € ausreichend zu versichern.

Ist das alles erledigt, steht der Reise nach Orlando nichts mehr im Wege.

Wenn Sie sich entschließen, einen Mietwagen nehmen zu wollen, rate ich Ihnen zu einem Diesel-Fahrzeug. Die Preise der Fahrzeuge sind meist wesentlich billiger und der Diesel an der

Tankstelle ist im Vergleich zu Deutschland ein Schnäppchen. In Amerika gibt es keine Liter-Angabe, dort stoßen Sie auf Gallonen. 1 Gallone sind umgerechnet 3,7 Liter. Die Preise pro Gallone liegen im Durchschnitt bei 2.399 $ in Florida, was in Euro pro Liter 0.54 € entspricht.

Die Preise für einen kleinen Mietwagen für eine Woche beginnen bei 204 $. Da ist noch Luft nach oben. Wenn Sie ein größeres Fahrzeug benötigen, sind Sie in der Premiumklasse bereits bei 259 $. Schauen Sie dabei in Vergleichs-Portalen vorbei oder fragen Sie das Reisebüro Ihres Vertrauens für weitere Informationen.

Als Tourist sollten Sie daran denken, einen internationalen Führerschein zu beantragen. Dazu benötigen Sie Ihren aktuellen Führerschein und Ihren Reisepass. Die Kosten belaufen sich ungefähr auf 15 €. Wenn Sie in Orlando das Auto nutzen möchten, sollten Sie sich auch mit den Verkehrsregeln und den Gesetzen vertraut machen, schließlich braucht niemand Ärger oder unnötige Bußgelder. Jedoch ist es sehr stressfrei, in Orlando mit dem Auto zu fahren.

Bestimmte Verhaltensregeln sollte ich Ihnen auch nicht vorenthalten. Zum Beispiel sollten Sie wissen, wie Sie mit Alkohol in der Öffentlichkeit umgehen. In Florida werden Sie von 3 Uhr bis 7 Uhr keinen Alkohol kaufen können. In der Öffentlichkeit muss der Alkohol mit einer braunen blickdichten Tüte bedeckt sein und der Konsum wird am Strand, in Parks oder auf der Straße mit hohen Bußgeldern bestraft. Das Mitführen von Alkohol im Auto ist ausschließlich im Kofferraum gestattet.

Regeln für einen Restaurant-Besuch sind auch sehr nützlich. Zum Beispiel ist es unüblich, sich in Amerika nach dem Betreten des Restaurants selbst einen Tisch auszuwählen. Darum sollten Sie auf Hinweisschilder wie „Please wait to be seated" achten. Grundsätzlich teilt Ihnen das Personal einen Tisch zu. Sie sollten auch niemals nach „Toiletten / toilets" fragen. Dies gilt als sehr unhöflich. Fragen Sie lieber nach „Restrooms" oder auch nach „Ladies / Men´s Rooms".

In Florida ist es möglich, sich Speisen mit nach Hause zu nehmen. Fragen Sie das Personal nach „Doggy Bag" und Sie verpacken Ihnen Ihre Speisen zum Mitnehmen. Am Tisch werden Sie selten Alkohol bekommen, wenn Sie welchen trinken möchten, gehen Sie am besten an die Restaurantbar.

Ihnen sollte jederzeit bewusst sein, dass auch in Amerika nicht immer alles schön und perfekt ist. Die Kriminalität in Großstädten ist weitaus höher als hierzulande. Seien Sie also immer aufmerksam, vor allem, wenn Sie allein unterwegs sind. Ich möchte Ihnen keine Angst machen, aber Vorsicht ist besser als Nachsicht. Sie wollen sich schließlich nicht Ihren Urlaub zerstören lassen.

Nehmen Sie sich Zeit, um die Stadt kennenzulernen, Ihre wundervolle Geschichte zu erkunden und packen Sie immer nur so viel Geld ein, wie Sie wirklich benötigen. Wenn Sie Bargeld ganz vermeiden wollen, besorgen Sie sich eine Visa Card, mit der Sie nahezu überall bezahlen können. Wenn Sie keine besitzen, können Sie sich bei Ihrer Bank des Vertrauens darüber informieren. Dort werden Sie besser beraten als durch einen Reiseführer.

In Amerika sind die Steckdosen anders als in der Euroregion. Also wäre es sehr gut, wenn Sie sich für das Laden Ihres Handys oder Ihrer Kamera einen Adapter besorgen, der für die jeweiligen Steckdosen passt. Diese bekommen Sie recht kostengünstig im Internet. Beachten Sie, dass sich auf dem Adapter ein Aufkleber befindet mit der Kennzeichnung „110-240 V AC". Sie wollen sich Ihre Elektrogeräte schließlich nicht kaputt machen.

Wenn Sie die kleinen Tipps und Ratschläge befolgen, werden Sie einen unvergesslichen und zugleich erholsamen Urlaub in Florida beziehungsweise Orlando haben.

Ich wünsche Ihnen alles Gute, viel Glück und Spaß in Orlando beziehungsweise Florida. Abschließend bleibt mir nur noch zu sagen: „good luck and have fun"

Packliste

Geld & Finanzen

O (evtl.) Auslandswährung
O Bargeld
O Bauchtasche
O Brustbeutel
O Bauchtasche
O EC-Karte
O Kreditkarte
O Notfall-Telefonnummern der Banken
O Portmonee

Hygiene

O Haarbürste / Kamm
O Deo (klein)
O Shampoo
O Kulturtasche
O Sonnencreme
O Taschentücher

O Reise-Zahnbürste und Zahnpasta
O Verhütungsmittel

Kleidung

O Badeklamotten
O Gürtel
O Hosen kurz / lang
O Mütze / Cap / Hut
O Pullover
O Regenjacke
O Schlafanzug
O Socken
O Sonnenbrille
O Sportklamotten / Jogginghose
O T-Shirts
O Unterwäsche

Medikamente

O Blasenpflaster
O Anti-Durchfalltabletten
O Erste-Hilfe-Set

O Fiebertabletten
O Fiebertabletten
O Mückenschutz
O sonstige Medikamente
O Pflaster
O Kopfschmerztabletten

Unterlagen & Papiere

O ADAC Unterlagen
O Adresslisten für Postkarten
O Krankversicherungsnachweis
O Stadtplan
O Führerschein
O Unterlagen für die Unterkunft
O Wasserdichte Hülle für Reiseunterlagen
O Impfausweis
O Mietwagenunterlagen
O Personalausweis
O Reisepass
O Reisetagebuch
O evtl. Studentenausweis

O evtl. Visum
O Zug- / Bahn- / Flugticket

Taschen & Rucksäcke

O Koffer / Trolley / Reisetasche
O Regenhülle für Rucksack
O Rucksack

Schuhe

O Badeschlappen / Hausschuhe
O Schuhe und Wechselschuhe

Sonstiges

O Brille / Kontaktlinsen und Etui
O Buch zum Lesen
O Ohrenstöpsel und Schlafmaske
O Regenschirm
O Reisedecke
O Wasserflasche
O Wörterbuch

Elektronik

O Digitalkamera
O Handy
O Ladekabel
O Kopfhörer
O evtl. Steckdosenadapter
O Power-Bank

Herstellung und Verlag:

BoD – Books on Demand, Norderstedt

ISBN: 9783750440593

1. Auflage

Kontakt: Psiana eCom UG/ Berumer Str. 44/ 26844 Jemgum

Covergestaltung: Fenna Larsson

Coverfoto: depositphotos.com